Square Baw

a Stramash o Scottish fitba poems

by

Hamish MacDonald

The publisher acknowledges receipt of the Scottish Government's
Scots Language Publication Grant towards this publication.

Published in 2025 by
Scotland Street Press
Edinburgh

All rights reserved
Copyright ©Hamish Macdonald
Illustrations as listed

The author's right to be identified as the author of this book under
the Copyright, Designs and Patents Act 1988 has been asserted.

A CIP record for this book is available from the British Library.

ISBN: 9781917881012

Typeset by Hewer Text UK Ltd, Edinburgh
Printed on responsibly sourced paper

Poignant, funny, on-target and true, this is a cracking collection of poems.

Even for someone who is not a diehard football follower, Hamish MacDonald's exploration of what really makes the Scottish game tick is rich and revealing. It digs down to the roots, touching on issues of class, community and politics as it goes, and is as much a social and family history as it is a record of local heroes, close miracles and glorious failures - the world so brilliantly captured in just one of the poems, 'The Fitba Multiverse'.

With its powerful evocation of men and boys who loved the game going off to war and coming back to poverty or not coming back at all, *Square Baw* makes a persuasive argument in support of the Shankly dictum that football is much more important than a matter of life and death.

James Roberston, author of *The Testament of Gideon Mack, News of the Dead, The Professor of Truth*

A fantastic mix of history, autobiography and biography through the prism of Scottish football: the cold, but redemptive, days on the terraces, the constancy (and hopelessness) of hope, the intricate relationships between football and working-class rhythms of life, and – through the story of the poet's grandfather William Grant – the overlaps between football and war. A lovely celebration of a few strands of the 'fitba multiverse'.

Peter MacKay, Poet, translator, broadcaster and Scotland's Makar

Hamish's love of the beautiful game shines like a floodlight in this beezer of a collection. He effortlessly combines the punchy, gallus fever of the terraces with this tender, lyrical, homage to football's past. A master of language, a poet secure in his craft, the Bankies Bard has done it again!

Julie McNeil, Poet, author of *We Are Scottish Football* and co-editor of *A Most Unsuitable Game*

HAMISH MACDONALD

Hamish MacDonald is a poet, playwright and novelist with works published, broadcast and performed in Scots and English. He is a contributor to several publications by Scots language imprint Itchy Coo Publishing and has worked as writer and presenter on historical and political documentaries for BBC Radio Scotland including 'The Scot Who Stayed in Argentina', telling the story of political intrigues at the 1978 FIFA World Cup. He was the first Robert Burns Writing Fellow for Dumfries and Galloway Arts Association (2003–05) and the first Scots Scriever for the National Library of Scotland (2015–17). As performance poet he became Scottish Slam Poetry champion in 2022 and runner-up in the Coupe du Monde de Poesie world slam poetry finals in Paris in the same year, as well as a semi-finalist at the World Poetry Slam, Rio de Janeiro in 2023. A lifelong fan of Clydebank Football Club, since 2020 he has fulfilled the role of Bankies Bard as honorary poet of the club. His most recent poetry collections include 'Wilson's Ornithology & Burds in Scots' (Scotland Street Press) and 'Kilbowie Dreams' (Clydebank Football Club).

Tae oor wee team Kim, Kenna & Colla,
and tae the auld guard Grace Grant McDonald
and Moira McConnachie

Contents

Illustrations	xi
A Pre-match Introduction	xiii

Part One: Fitba, Freends and Faimly

A Setterday Ritual	3
Squerr Baw	5
Wm. McKenzie Grant	7
Romance of the Juniors	10
A Clydebank Crest in Jamaica	12
The Kilbowie Brazilian	13
A railway boay kicks a can	15
A Minute's Silence	19
Springvale Park	20
Cowlairs FC	23
Dancing Feet	26
The Bankies March tae Easter Road	28
Train Builders	30
Silver Jooblie	32
The Fitba Multiverse	34

The Peasy	37
Potential Banana Skin FC	39
The Simmer o 1914	41
9th August 1914	43
Hampden Initiation	45
The Volunteer	47
The Negative	50

Part Two: Wm Grant's War Journey

Soldier Cyclist	57
W Grant's postcard tae his Nephew in Yoker	61
William's Dream	62
Armentierres	63
The Battle o Loos	65
The Fitba Players o Loos	67
The Salient	69
The Baw Gemmes at Merris	72
The Wid	74
Steenwerck	76
Prometheus and Morpheus	77
The Wey Back	78
War Work and Fitba	79
That Season	82
Ludere Causa Ludendi	84
At Queens Park	86
Home Win	88
An Unknown Spell	90

Part 3: Mair Than a Gemme

Scores in Brackets	95
It's Comin Hame ye say?	97
Who Did Henry Kissinger Play For?	103
A Mid Life Crisis at the Gemme	105
In Praise of Arthur Montford	106
Club Ball-coise Èirisgeigh/Eriskay Fitba Club	109
A Train North frae Queen Street Station	111
Scottish Cup Safari	115
Kilbowie Resurrection, a spoken wurd poyum	119
A Minute's Applause	122
Faither's Memoir of Armistice Day	124

Illustrations

1. A photo taken of the opening of the new pavilion at Western Park, Renfrew in 1919. Courtesy of Alan Liddell, Renfrew FC historian.
2. A row of outside staircases near Cowlairs in Springburn, in January 1958: Photo: Herald and Times Group.
3. Front of Ratho Terrace, Springurn; birthplace of the author's grandfather William McKenzie Grant. Copyright: HES (Papers of Professor John R Hume, economic and industrial historian, Glasgow, Scotland).
4. Map detail showing Cowlairs FC football ground, 1896. Reproduced with the permission of the National Library of Scotland.
5. Back of Ratho Terrace, Springurn; birthplace of the author's grandfather William McKenzie Grant. Copyright: HES (Papers of Professor John R Hume, economic and industrial historian, Glasgow, Scotland).
6. From the Bankies Club end New Kilbowie Park (1939–1996), former home of Clydebank FC. Photo by Malky McArthur.
7. Shed towards Montrose Street end New Kilbowie Park (1939–1996), former home of Clydebank FC. Photo by Malky McArthur.

8. Players and officials, Renfrew Junior FC, Scottish Junior Cup Finalists 1917, photo courtesy of Alan Grant.
9. Renfrew Junior FC, Scottish Junior Cup Finalists 1917, photo courtesy of Alan Grant.
10. Front, Wm Grant's WW1 postcard sent from near Bailleul, France in May 1915, courtesy of Ailsa Boyd.
11. Back, Wm Grant's WW1 postcard sent from near Bailleul, France in May 1915, courtesy of Ailsa Boyd.
12. Photo: Imperial War Museums: IWM Q1868 British Bicycle Troops, Brie, Somme, March 1917
13. The players and staff from Renfrew's first season in 1912. Photo courtesy of Alan Liddell, Renfrew FC historian.
14. Detail from William Ralston's 'Sketches at the International Football Match, Glasgow' 1872, courtesy of the Scottish Football Museum, Hampden.
15. William Ralston's 'Sketches at the International Football Match, Glasgow' 1872, courtesy of the Scottish Football Museum, Hampden.
16. Brae leading down from the NBR housing bocks (1863–1967) towards the railway. Copyright: HES (Papers of Professor John R Hume, economic and industrial historian, Glasgow, Scotland).
17. Mural by Barry the Cat at Holm Park, Clydebank. Traditional home of Yoker Athletic, now shared home with Clydebank FC. Photo by Stevie Doogan.
18. Under the shed towards the Davie Cooper Stand and Bankies Club end, New Kilbowie Park (1939–1996). Photo by Malky McArthur.

A Pre-match Introduction

Square Baw (to borrow from the late, great Arthur Montford) is a *stramash* of Scottish fitba poems drawing on memory, family stories and an appreciation of the traditions and idiosyncrasies of our 'beautiful gemme'.

On being asked to become 'Bankies Bard' for Clydebank Football Club in 2020, it was an honour not only to represent the club I have supported over some six decades but to join the small and dedicated band of Scottish fitba poets who were already doing their bit for various clubs through the written or spoken word. Poems in matchday programmes, at functions, events, in magazines, published histories of the game or delivered on the fast track of social media. Scottish fitba and poetry, who would've thought it? In truth it goes as far back to at least 1580 with the satirical anonymous verses of 'The Bewteis of Fute-Ball', perhaps fittingly in a country where the world's oldest football – an artefact dating to the 1540s – was discovered among the rafters of Stirling Castle; where the world's oldest known football pitch at Anwoth in Galloway dates to the 1630s; and where a match played out in something equating to the modern evolving game was recorded as taking place in a field in Callander, Perthshire as early as 1848. Throw in the world's first international in Glasgow, the introduction of crossbars, half time, free kicks and the scientific passing game (as opposed to kick and rush) and we have some appreciation of Scotland's contribution to world football.

As a follow-up to fitba poetry collection *Kilbowie Dreams* (published by Clydebank Football Club in 2021) I'd had in mind to put together a collection of not just Bankies related poems but to include verses on the wider game itself, through its long and distinguished past to immediate present. I was mindful too of family stories as to how my grandfather William Grant had played not only for Scottish Junior FA sides Petershill and Renfrew but had also played for a spell in Scotland's top division with Queens Park Football Club alongside legendary international winger Alan Morton. Other than that, and that William had served on the Western Front during the First World War the story was patchy, if somewhat muddied by his appearance in a faded team photograph of Renfrew FC lining up for the 1917 Scottish Junior Cup Final at Firhill while war still raged in France. The inclusion of William's story however was given unexpected impetus in late 2024 when a distant relative, on carrying out a house clearance discovered a postcard sent from the Western Front dated May 1915 which she identified as being sent by my grandfather to his young nephew in Yoker. In the absence of his service record (more than half of the service records for soldiers serving in World War I were destroyed when a German bomb struck the War Office repository during WW2), would it be possible to pin down William's regiment and where he had served in France from clues on the postcard? From the Field Censor Number, and by cross-referring with a book held in the National Library of Scotland it was possible to identify that he served with the 9th (Scottish) Divisional Cyclists. Though according to family lore he had originally volunteered for the Scottish Rifles (Cameronians) at the outbreak of the First World War, some men in this instance were transferred from their original infantry units into the Army Cycle Corps, tasked with reconnaissance, liaising troop movements and engaging in trench warfare when called upon. Though this posting came as something of a surprise, his transfer to a cyclists' division seemed to make sense given his prowess as a footballer and sportsman. Through further readings of his unit's war diary, books and regimental histories, and most importantly through conversations with my 95 year old mother on what she remembered her father telling of his wartime experiences (like many of his generation these were guarded and sparse), a clearer if more traumatic picture of his time on the Western Front in 1915/16 emerged. This was greatly helped by individuals on the *Great War Forum* who freely gave of their time in verifying his regiment and its formation. Contact with football historians such as Frank McCrossan at Queens Park Football Club, Alan Liddell at Renfrew FC and Albert Moffat at Petershill FC, as well as what my mother and aunt could recall all helped to fill in the picture (or at least as much as was possible) on the footballing side of things. And so among tales of Wembley adventures, Scottish Cup safaris, remote Hebridean football pitches and potential banana skins, William Grant's story finds a place in the collection, not as a household name in the legend of the game but as a tribute of sorts to one of the many thousands of practical unknowns or part time players who nonetheless commit, week in week out, to keeping Scottish football alive and kicking. Thanks are due to Ailsa Boyd for sending us the World War One postcard, to photographer Paul Campbell for assistance with imaging, to Clydebank FC photographer Stevie Doogan, Malky McArthur for Kilbowie photos, to my cousin Alan Grant for the 1917 Scottish Junior Cup Final photo and to Richard McBrearty, curator of the Scottish Football Museum at Hampden.

So get yer spearmint and macaroon bars and join me on the terracing for a kickabout through the colourful world of the Scottish game, from historic origins to the highs and lows of being a fan and what it all means, in what is, after all, the true home of world football.

Fitba, Freends and Faimly

Ma heid, I think, began tae reel
That kirkyaird looked a fitba field
There stood the goalposts gapin wide
And there the players, eleeven a side.

From *The Goalkeeper's
Ghost* (anon.)

A SETTERDAY RITUAL

Faither, lowsed the weekend frae Singers
good jaiket oan, coat ower the airm
a leisurely dauner tae the auld chain boat
stoap aff at the Western Café
coffee for him
ginger for me
drawin zen-like on a Players Plain, used tae say
'the best things in life are the simple pleasures'
will stick wi me tae ma dyin day.

A wis seven
we'd a team oan wir ain side ae the river
tho fitba allegiances are unconditional (as the case wid some-
    day pruive wi me)
but this wis his toon and this wis his team
mair than that ma Granda, ma Ma's Da hud played for them
jynin us oan the steps as the gemme kicked aff.

Cheers and groans, sweerin an bawlin
the err a curious bouquet
o sodden turf, fag smoke, greasy meat pies
the trainer wi his magician's bag that released
a menthol tang intae this heady broth o smells.

Shots, heiders, tackles, goals flew in
as Maryhill Harp or Duntocher Hibs
fell tae the Renfra sword
then that memorable moment
tae be recalled for years tae come
rabbit invades park tae stop play.

Fragments o memories that wid lay the foondations
for a lifetime o highs and insufferable lows
Kilbowie wid be the ultimate stompin grun fur me
but Western Park wher first impressions wir made
in this lifelang affair
wi the bonniest gemme.

SQUERR BAW

Kilbowie, feet perched on a black gravel slope of industrial slag
eight year auld lugs heard:
hook it
welly it
horse it up the park
a rain-soaked tussle
o rid v yella oan a green field
Clydebank versus Albion Rovers
a technicolour cinemascope against a monochrome
o factories and tiniments
shipyaird crans like giant Meccano efforts in the grey haze
then:
roast um
skin um
digga hole an burry um
a haill new wurld wis openin
o scissor kicks, hat tricks
banana shots and bicycle kicks
nutmegs, daisy cutters
where mulk could turn quicker than midfielders
and men might be considered
donkeys or magicians
maestros or balloons

a place where left feet were pegs
and heids could be thrupenny bits.

But then came mibbi best ae aw
a dynamically unlikely concept:
Squerr Baw!
Squerr Baw!

WM MCKENZIE GRANT

I aye mind Granda as the joco sort
tae the hilarity o ees grandweans
magickin tanners oot ees nostrils
or dram in haun at the new year
haudin the flair wae *The Goalkeeper's Ghost*

or when we got new fitba bits
gettin us tae staun ankle-deep in waarm watter
tae make them mair soople
in his day bits wid've been mair teuch
an parks a sight mair uneven

an tho A didnae hink'n it then
in the passin o time it gied me pause tae wunner
as tae hou Granpa wae his diehard Socialist views
wid wanst a week sit in his chair
wae a copy o thon scourge o the Unions
the Sunday Post.

A suppose it wisnae Merry Mac's Fun Parade
wae Wullie's bucket wisdom and latest shenanigans frae Glebe
    Street
or the benign paternalism ae its

whit's for ye'll no go by ye editorials
that conceded him tae momentary truce in the class war
but that veritable compendium
frae tap divisions tae regional Juniors: the Results Section.

Checkin oan teams he'd played for
Petershill, Renfrew, Queens Park
or mebbe Sunderland who'd gied him a trial
grun-hoppin in ees memory
kickin a baw doon the years.

1. A photo taken of the opening of the new pavilion at Western Park, Renfrew in 1919. Courtesy of Alan Liddell, Renfrew FC historian.

ROMANCE OF THE JUNIORS

In perjink wee gruns
slopes terraced wi railway sleepers
and better a wee bush than nae bield
here an ther
girders and corrugatit iron tae offer cover
fae fickle Scottish weather.

Upon these modest fields o dreams the stage wis set
for men that wid graft in industry or land
or howk doon below fur black diamonds
youths, men in ther prime, aulder players
util teams sprang up in unlikely fertile grun.

In pitheid shadda Dundonald's Blubell grew
a Primrose took root in Crossgates
Roses wid bloom fae Bonnyrigg tae Lithgae
Swifts fly ower Jeanfield
while Thistles sproutit aw ower Scotland.

The Fairmer's Boys plooed their furrow at Brig o' Lea
Lugar raised ther Jaggy Bunnets
Berrypickers o Blairgowrie, Belters o Tranent
one Star shinin in Newtongrange
a Harp plays oan in Lochee.

Poetic names that contrastit
wi a perception o shoulder charges on frozen pitches
here some o Scotland's best wid serve their time
Patsy Gallacher the Mighty Atom
McGrory the Human Torpedo cuttin his teeth on the Candy
   Rock
Hughie Gallacher fae the Hattonrigg pit
who wid mine rich seams at St James's Park
bringin goals tae Newcastle.

And of those Lions who tamed the Italian maestros
to huv them jumpin through hoops in Lisbon
nine of eleven had been weaned on Junior turf
as had a hauf a dizzen o the Wembley eleven
who wid hammer England by three to two tae become
Wurld champions for a day.

While Shankly, cherry-pickin through memory
mused on how aw he knew
aboot fitba, life and death
wis learnt frae the parks o Glenbuck and Cronberry.

A CLYDEBANK CREST IN JAMAICA

There is a Clydebank coat of arms in Jamica
paintit on the widden shack that is Debbie's Hot Spot
atween Mowatt Construction and Silver Sands
where reggae spills oot intae a dusty street
and A wunner if anybody sees in the crest
a cogwheel that milled sugar
the colonial ramparts o Fort Montego
St Patrick haudin oot two fingers in readiness for a spliff
deif tae redemption songs fae a rigged sailing ship.

The local fishermen enjoy akee, yam and saltit fish
then Campbell drinks his Red Stripe
Debbie says tae come back later, there will be a party
man by the door smiles through a whuff of Ganja.

Back ootside where the Rastafarian artist
has paintit fae a photograph
Campbell's brother and oor dear friend Stevie
on the bough ae a fishing boat wi blue sea ahint him
laughin and lovin life as he did.

We'll remember days and nights hame and away
brothers and friends in loving memory
white shirts, red diagonals
a Clydebank crest on a fitba tap.

THE KILBOWIE BRAZILIAN

Tannoy raspin intae snell winter day
annoonces the team
Madden, Henderson, Mitchell
Columbine, McAleer, McGhee
in juvenile voice we cheer each one
of our Clydebank heroes and then
Inacio
in white tap wi rid diagonal
the likes o whit we'd never seen
the Brazilian Bankie, a debut dream come true
bringin aw the promise ae a Pelé or Garrincha
tae light up Scottish League Division Two.

Oh how we cheered that day
December Nineteen Sixty Seven
as Christmas lights twinkled doon the auld Glasgow Road
Stranraer gift-wrappin us two OGs
tae gie themsels the wintertime Blues
Moy bagged a brace
Fleming netted another
ahint the Montrose Street end goals
mini pitch invasions, unleashing of lavvy rolls.

And in the middle ae it aw – Inacio
wi his heid-flick assist tae star striker Moy
it seemed samba had danced its way tae Clydeside
dispellin aw dreichness ae a Scottish midwinter
but joys are ephemeral, as a poet once said
you seize the flower, its bloom is shed.

Next game at Kilbowie
A waitit wi baitit breath
but never saw um again
subbed at Forfar due tae potential hypothermia
seekin dressing room waarmth frae a Baltic North Sea blast.

It wid be years later afore A wid learn
how prior tae his arrival oor Brazilian prodigy
had struggled to make the cut at Celtic Reserves
then lasted jist wan gemme at Cliftonhill
failin tae sparkle at Albion Rovers.

But A'll always remember ye, Inacio
and how for the nine year auld me
that day ye lit up the place
a conjurin trick in a magic show
until the disappearin act
as back on the terracin a tannoy played
I don't know why you say Goodbye I say Hello.

A RAILWAY BOAY KICKS A CAN

Frae the coalfields o Stirlingshire
and generations o miners
delivered frae the prospect
of a life sentence in the black dungeons o the earth
rail tracks cairried you here.

It was yer faither broke the ties
forsakin the pits tae be a locomotive driver
by green fields, toons, sprawlin industrial cities
a hero o the fitplate in yer eyes.

Tae be born and cradelt in this place
the NBR Blocks wi their craw-stepped gables and turrets
like some elongatit shooting lodge
or grand country railway station
ghostin frae Highland mist intae the clamour o Springburn.

Here, cheek bi jowel
faimilies lived oot ther joys an sorrows
yer mither taen when ye were aw but three year auld
a brither and sister tae care for yer grief
aw while fireboxes roared, engines drew braith
pistons thrust and wheels ground at rails
in the beatin railway hert o the wurld.

A steam whistle shrieks intae night
haunts back coorts and imaginations
A follae yer feet alang the balcony
anen doon the turnpike stair at Ratho Terrace
and wunner how it began
mebbe wi a tin can
kicked at three chalk lines on a brick waw
ye first realized yer aim was guid.

Who knows when a seed is first plantit
a bairn plays a musical note
and a concert pianist born
the legend o the baw gemme had awready taen root
first amang dapper fellas
noo spreidin its limbs tae the proles
but who wid've noticed wee William Grant
a kick at a can and an eye for the goals?

2. *A row of outside staircases near Cowlairs in Springburn, in January 1958: Photo: Herald and Times Group.*

3. Front of Ratho Terrace, Springurn; birthplace of the author's grandfather William McKenzie Grant. Copyright: HES (Papers of Professor John R Hume, economic and industrial historian, Glasgow, Scotland).

A MINUTE'S SILENCE

Baw on the centre spot
between two whistles
wi players and officials in position
we gaither as wan.

When the first whistle blaws
a collective breath held
aw is motionless
there may be grief, reflection
of a life we have known
and as fitba supporters
we are bound thegither in respect
when for 60 seconds the wurld seems tae stop
as we staund in a solidarity o silence.

When the second whistle blaws
a roar goes up
the game kicks aff
the wurld turns again
and each carries with them
their loss, or memory
of days at home or days away
friends we've known along the way.

SPRINGVALE PARK

Frae the end o Ratho Terrace
an eagle eye view tae that space
atween Sighthill branch line and the Cowlairs Road
white lines merkin oot the field o play, goals at either end
grandstand alangside the pitch, chyngin pavilion nestlt in a
    coarner.

Tae yer eyes it had ayeways been here
wher the scud ae a defensive clearance, shouts frae players
rose intae sulphurous err tae echo roond The Blocks
drawin weans tae the brae like filins tae a magnet
peerin doon
tae wher men in rid shirts, blue knickerbockers, dark soacks
went heid tae heid wi ther opposite colour.

As on this day, drawn bi gravity and curiosity
only a few kicks ae a can awey
doon the steps tae the fit-tunnel
whaur men were shufflin in procession
frae Eastfield Street, Campbell Street.

Swallied up unner the railway, emergin tae jyne the hordes
comin fae the east, follaers ae the lads in emerald stripes

migratin frae the hinterlands o Parkheid, Camlachie, the
 Gallagate
mellin thegither in a human tide
filin through the gate intae Springvale Park.

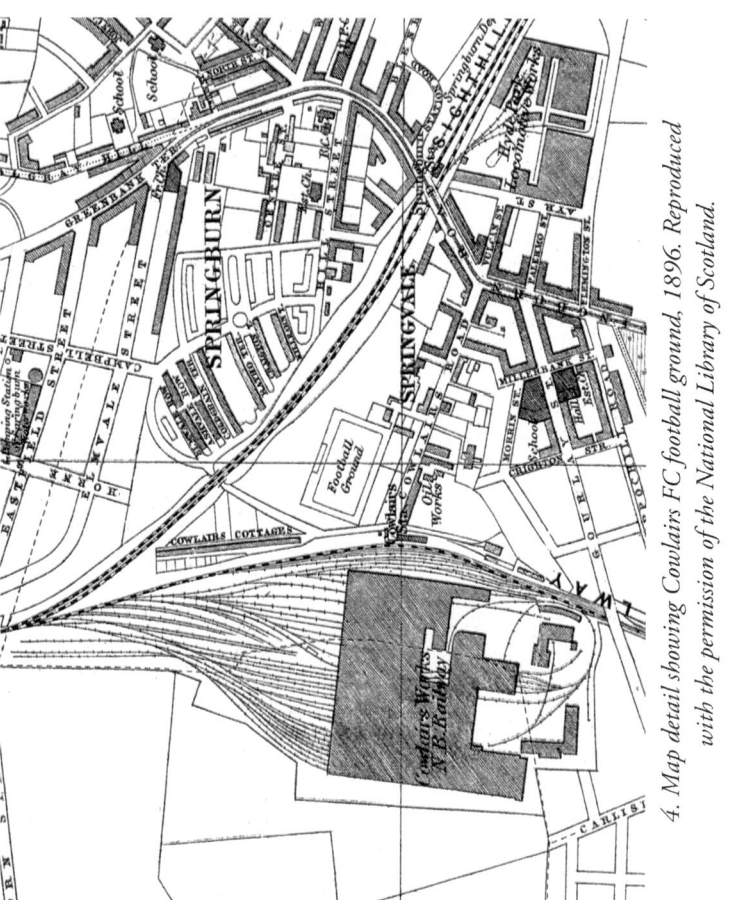

4. Map detail showing Cowlairs FC football ground, 1896. Reproduced with the permission of the National Library of Scotland.

COWLAIRS FC (1876–1896)

Up in yer craw's nest
ye watch wi brither Sandy
as inside the packed Springvale Park, Cowlairs Fitba Club
pit their wits against Scottish League winners Celtic
Glasgow Cup final the ultimate prize.

Amang pioneers o this game
inaugural Scottish League matches had played oot here
Rangers, Third Lanark, Celtic
Hearts, St Mirren, Dumbarton
Vale o Leven, Abercorn, Cambuslang
former world champions the Renton
came tae compete wi Springburn's finest, the railwaymen's eleven.
McPherson and McInnes had stamped their names in local folklore
nettin for Scotland in high-scorin victories
though in these mair exactin times
the club toiled wi aff-field challenges.

Frae Ratho Terrace you wid see them
dismantle grandstand and pavilion
runninn track and turf replaced wae rail lines, sidins

as the railway expandit
shouts of players and spectators
faded intae time and memory
of Cowlairs FC, a coal that had briefly sent oot its bright flame
burnt doon tae a cinder in the annals o the game.

5. Back of Ratho Terrace, Springurn; birthplace of the author's grandfather William McKenzie Grant. Copyright: HES (Papers of Professor John R Hume, economic and industrial historian, Glasgow, Scotland).

DANCING FEET

Ye had tae be nimmle and strang
keepin time tae the commands
of Hector McSorley, Dancing Master
pipes skirlin
fiddle bow snappin
diddle-two-three-four
in Strathspey time.

Sons o locomotive drivers, firemen, mechanics, engineers
The Caledonian Concert Party
tae shew aff ther skills at local events
fetes, fairs, civic receptions
between bouts at a boxing match
wher ye high cut and pas-de-bas'd aroond
a dub o spilt bluid on the canvas
beltin oot the auld Scotch sangs
Maxwelton Braes, Highland Mary, The Bonnie Wells o Wearie
the communal singalang
opiate tae a dementit ringside mob.

Liberatit intae streets
chasin a baw through lum-reek and gaslight
in a twinty wean stramash

jinkin and breengin in the donnybrook
Shuffle, Break Step, Deil on the Run
Highland Fling and Tullochgorum
toe and heel ower ootstreetched legs
birlin reels aroon defences
the last shedding and frantic screams of GOAL!

THE BANKIES MARCH TAE EASTER ROAD

Ootside Middleton's pub
a raucous o red and white noise
huddled on pavements on either side
the young yins vie for best song
thinkin about whit it aw means
buildin ships and sewin machines.

Vanguard Street boay necks his Buckie
minds oan Kilbowie Park as a wean
bar spills out, the complete assembly
at the back o two we move as one.

Past and present collide in a beautiful moment
the procession goes forward
A think on the Q4 freed frae her blocks, slowly movin aff
and us as a launched ship
that moment when it hits the watter
tae a cavalcade o cheerin and horns.

At our prow the Bois with our ensign
megaphone leads the chants
two thoosand in number we steer intae Bothwell Terrace
negotiate the straits o Crawford Brig
the south stand of Easter Road our port of call.

Flags, tammies, taps are all the insignia
afloat on the good ship *Labore et Scienta*
frae brand new merch tae haund-knittit scarves
that witnessed the likes of O'Brien and Caskie
the vessel we salvaged from the depths of oblivion
living the dream of a Scottish Cup odyssey.

TRAIN BUILDERS

A century turned the school gate in his wake
a first day apprentice steps intae a world
laboured breath o locomotives
the mighty lums o St Rollox chemical works
paintin black smudges intae mornin sky.

Tae the loco works
here tae serve yer time, master tools o the trade
passed doon frae auld hands
machinin, measurin, fittin, gaugin
in aboot rivetit tanks, wheels, rods, bilers
locomotives tae chart the continents o the globe.

At piece breks wi twinty minutes freedom tae be fun
in a baw kicked acroass cinders
sides picked, battle lines drawn
restless feet that sought release on a Saturday.

Waein a mile's girth
the furnaces o Keppoch Ironworks, Sun Foondry, the Saracen
frae this crucible
on the northern horizons o the city
new sides had been formed
Maryhill FC, Ashfield, Glasgow Perthshire.

And so frae remnants of the ephemeral St Mungo's Juniors
at a meetin in Thomson's Coffee House, Townhead
the 4th of June 1897
the nativity of a team duly christened
Petershill Football and Athletic Club
the Barony boys, the Springurn Eleven.

SILVER JOOBLIE

Tam Forsyth, he's got jaws
he's got Channon by the baws
... London Underground, 4 June 1977 (author unknown)

Scarves, flags, toorie bunnets
like a confederacy o bams
kicked through a tartan gift shoap
guys in suits, hippies in flerrs
bin-bagged punks wae safety pins that
failed tae fasten in ther mentalness
(*yer blawn me up Erchie* – wan impersonated
his maw in orgasmic throes)
vodka awready flowin
10 am Friday an the coach aboot tae depart
a 52–seater fashion disaster fae Dalmuir West tae Wembley.

If this had been a latter-day Wallace's army
he wid probly've nipped hame fur a re-think
but his spirit wis wae us nanetheless
aff the A74 cattle track
an ontae Inglan's motorways
somedae popped the Asti Spumante
singin que sera, sera.

The M6 a boisterous cavalcade
as Scotland emptied fae Thurso tae Gretna
days aff, swapped shifts an sick notes in its wake
somedae seen an omen an pyntit oot the windae
this coupla jet trails had criss-crossed
tae make a saltire in the sky.

Monolithic coolin towers loomed fae power stations
Roy Harper played a soundtrack in ma heid
it was One of Those Days in England
Old Cricketer leaving the crease and bound for the Watford Gap
then evry noo an then
ye could see wee brickhoose rows
union jack buntin oot fur ther silver jooblie.

Crashed the night in Euston station
swore how Worthington E an Watney's Rid
wis pish as we drank pint efter pint
whit a sight it wis walkin doon Wembley Way
an A'll never forget that feelin
a cauldron o rid lions oan yella flags
me an Graeme an Big Sandy oan the terracin
ninety thoosan Scots gaun dementit
Gordon McQueen's unstoppable heider
the baw in the Inglan net.

THE FITBA MULTIVERSE

As Einstein might've hinted
there exists a parallel dimension
where anything is possible
or different ootcomes result frae identical actions
so A go tae this place in ma mind
wher Bremner's Waldstadion effort v Brazil
trickles ower the line
while in Mendoza
Johnny Rep's shot flies past baith Roughie and the post
as we go up the park tae make it 4–1
meanwhile in Malaga
Hansen sidesteps as Miller blooters intae Row Z
then Souness sneaks a winner ower CCCP
in Paris Boyd avoids against Brazil
at Hampden Armstrong finds his man v England
a litany o 'whit-ifs' and 'if-onlys'
converted tae alternative conclusions
tournament progressions, Euro victories, world cup glory
pipers lead street processions, national holidays are declared
a birthrate boom results frae passionate love makin
while similar glories exist for teams of every level
in the black hole ae the imagination
the fitba multiverse.

6. From the Bankies Club end, New Kilbowie Park (1939–1996), former home of Clydebank FC. Photo by Malky McArthur.

7. Shed towards Montrose Street end, New Kilbowie Park (1939–1996), former home of Clydebank FC. Photo by Malky McArthur.

THE PEASY

In the maroon jersey o Petershill
a time-served man and fitba player
gangin fae grun tae grun
frae the Rabs at Kirkintilloch
tae the Bens and Glens o Govan and Rutherglen
ye'd need aw thon strength and dancin feet
tae haud yer ain at Vale o Clyde or Maryhill.

Did ye grasp the Thistle at Baillieston
body swervin challenges
meetin rock solid resistance o keepers
as ye ettled tae find the net
frae Shettleston's Well Park tae Somervell at the Lang.

It's wan thing kickin a can at an empty waw
and quite another hittin the target
in the Glesga Junior League 1909–10
but you and yer mates held yer ain
9 Won 9 Drawn 8 Lost
a 44 GF tally wae 42 Against
A'm shair ye must've been amang the goals Wullie Grant
tho there's nae written history tae tell that tale.

On hame turf at Atlas Park
dignitaries in the bijou pavilion
hordes packed aroond the field
cheers echo aff engine shed waws
as up goes a shout, Easy the Peasy
cri de guerre of the Petershill.

POTENTIAL BANANA SKIN FC

We're the underdog that'll bite ye oan the erse
ye thought we were poodles but noo we're lions
wae organisation and solid graft
we came wi a plan we could ootdraw the big guns
and like David wi his sling we took wur wan shot
a scramble frae a corner, a deflected strike
hit where it hurt and blinned the giant.

Wir goalmooth the Alamo they rained doon their shots
as we stemmed the tide, withstood the siege
a penalty save, a stop aff the line
wan unit thegither continued tae believe
we could be history makers
terr up the form book
hing oan and win
fulfilling the potential of the banana skin.

Like that casually discardit hazard ye see in cartoons
the big guy thinkin he's Erchie, struttin his stuff
so far up his sell he disnae see it comin
then, Slip! Wheech! Kapow! Sure enough
sittin there in a daze lookin like a dauber
prey tae the first o the seeven sins

the overpaid, arrogant, prima donna
brought doon by FC Banana Skin.

We're the five hundred tae wan, we're the shot in the dark
the diddy team, the minnow that swallowed the shark
we play on plooed fields and no yer San Siros
doonsizin your superstars frae heroes tae zeroes
the seismic cup shock wi nae prior warnin
and we'll get yer manager sacked in the mornin
yer book ae excuses can get in the bin
we are Potential Banana Skin.

THE SIMMER O 1914

The taste o freedom a hard-won pedal
you and yer mate Jimmy cyclin oot the auld toll road
Glesga ahint ye, reekin like a kiln
oot by Haufway Inn and Katythirsty
laund opens tae a freewheel descent o Stockiemuir
winnin closer tae whaur
Hielan bens coory Loch Lomond and its widdit isles.

Ye holler tae wan another in the onrush o air
mindin on Rob Roy, the fugitive Alan Breck
a wurld apart frae poondin forges and ingine ile
tae this day o liberty, widsmoke an drum-ups
linns o the Deil's Pulpit cascadin tae its pools
only a few miles pedal left tae the tryst.

Tae team up wi like-minded stravaigers, cyclists frae Glesga or
    the Vale
the Clarion crowd wi ther Socialist gospel
until a kickaboot is declared on some park or village green
sides picked, jaikets for goalposts
shouts o joy or protest
intrude intae the lown o a simmer's efternin.

As the baw is chased and kicked tae the gemme's conclusion
returnin tae pushbike or Shanks's pony for the lang miles
   hame
pittin aff thochts o the Monday shift
and as yet untouched by events faur awey
that day a bomb hurled at a motorcade
the fatal shot ringin oot in Sarajevo.

9 AUGUST 1914

There could be nae middle grun in these times
a country roosed up an reddin for war
A follae yer fitsteps, doon Rottenrow and Balmanno Brae
fitba bits unner yer airm on yer wey tae Flesher's Haugh
A doot ye wir blin tae the squalor ye passed
by High Street, Do'hill or Sautmercat Close
the raggit weans and foul stench o hunger
where the Empire's sun declined tae shine.

Tae Glesga Green thrang wi Socialists
gaithert thoosands strang
cryin fae the platform for *Peace and No War!*
cleavin the question atween richt and wrang
hou the wurkin classes'll be led tae the slaughter
while the weel aff and capitalists profit in bluid
For workers across nations tae unite and resist it!
Or a wurld in ruins and millions destroyed.

By the Winter Gerdens, the HLI baund strikes up
tries tae droon oot this ootcry for Peace
polis tak notes wi an eye on the speakers, wan cries
Awready they've bumped up the prices o meat!
And A wunner noo Wull if some doot ever crossed ye

or ye questioned yer decision and pledge that ye signed
only two days noo since Kitchener's cawin
for the first hunner thoosand tae gang tae the line.

A suppose ye wir swept up in that call tae duty
yer wurkmates, cizzens, team mates, yer freens
aw volunteerin an jynin the army
tae gang ower tae France and fecht for the King
wi Belgium invadit, France under siege
ther's anger and ootrage, and conscience nae doot
yer strang and yer fit wi nae faimly tae tie ye
and the feck o them's jynin – so why no are you?

So here's the black ash at auld Flesher's Haugh
where you and Jimmy aye kicked a baw
noo boays frae the Queens Park the Rangers and Celtic
Third Lanark, the Clyde and the Partick an aw
and the Juniors forby, at the soond ae a whustle
they'll march tae the fore on the nation's behalf
numbers will thin on the Flesher's Haugh parks
bi this time the morra ye'll be up and aff.

HAMPDEN INITIATION

The road tae Hampden only 15 miles
yet seemed some mythical world apart
grainy footage on a TV set
bright coloured photies in a fitba annual.

November Nineteen Sixty Eight
faither in the rid herry tartan scarf
goggles and gauntlets, motorbike helmet
under streetlights we kick-started for Hampden.

Wan brother on the pillion, wan in the sidecar
alang wi me and ma wee pal Moose
pled wi his maw for an oor eftir school
till she finally caved and said he could go.

Parked somewhere alang the road
trudgin wi the crowds through a daurk space
then seen it glowin like a mother ship that had landit
atween lesser Hampden and a faurawey hill.

North enclosure opened below us
tae finely mown turf, stands, terraces
banners and flags, crowd fillin up.

Frae some chasm in a faur corner
a bass drum boomed, snares rattled
pipe baund went past
like life-sized creations o kilties
escaped frae tea-towels or whisky labels.
Under the stand a roar goes up
intae clouds o fag smoke swirlin owerheid in a pool o light
Simpson, Gemmel, Greig
MacKinnon, McCreadie and Bremner
Charlie Cooke, Jimmy Johnstone,
Hughes, Law and Lennox.

It's still in the memory, how we went a goal doon
quiet descendit, it didn'ae last long
Law leaps on springs to power a heider
Bremner wi the winner, delirium and joy.

And so the sacraments were taken
in this quest for the grail o the World Cup
the West Germans would pip us, Mexico evade us
but a Hampden initiation was confirmed
and a baptism, for me, complete.

THE VOLUNTEER

Said fareweel at Central Station
Sister kissed yer cheek and brother shook yer haund
A'm only gaun as faur as Hamilton, ye said
Aye, said Sandy
But you'll soon be aff tae England efter that
And efter that?
Nae doot they'll hae ye servin ower in France
Unless it's ower afore then, right enough
Your guess is as good as mine
A suppose we'll know the answer in good time.

Ye were glad tae meet wi Jimmy on the train
Ye'd gab a bit till owercome wi thought
Then break the silence wi talk aboot the fitba
Naebdy really kens whit tae expect
Jyned the men that spilled oot on the platform
Trudgin up the stair at Hamilton West
Ootside the barracks like big match day at Hampden
But wi characters frae every walk o life
Here, says Jimmy, as big a crowd as this A nivir saw
Christ! Ye joked, they mibbi wullnae need us efter aw!

Your Signing Terms: Three Years or
The Duration of the War if Longer

So shake haunds wi Jimmy
Nae doot you'll see him by and by
For though you've jyned the Scottish Rifles and he's wi the
    HLI
Ye'll baith be in the 9th Division
Yer paths will surely cross alang the way
And ye'll soon be aff tae Bordon Camp
Wi the 28th Infantry Brigade.

So knuckle doon and dae the drill
Enter the bull ring, bash the square
Learn tae kill wi gun and bayonet
They'll mak a fechtin sodger o ye yet.

Back Row: *R Watson (President), A.Pollock, Andrew Lees, J. Lendles, A Hunter, R. Duncan (Vice Pres.), W. Anderson, R.K. Christie (Secretary), T. Dick, J. Campbell (Trainer).* **Front Row**: *A. McKelvie (Trainer), G. Parker, J. Hamilton. Alex Lees (Capt.), W. Grant, J. Gray*

8. *Players and officials Renfrew Junior FC, Scottish Junior Cup Finalists 1917, photo courtesy of Alan Grant.*

THE NEGATIVE

An auld negative in an envelope in a drawer
last developed ower a century ago
obscure images oan cellulose
in reversed dark and light
eleven men, their airms foldit
lined up in seated or staunin rows
captain front and centre wi a baw at his feet.

A know who these men are, or were
frae an auld torn and fadit print that had seen better days
at the fit ae it their names written oot in ma uncle's haund
Pollok, Andrew Lees, Landles, Hunter, Duncan, Dick
Parker, Hamilton, Alex Lees, Grant, Gray
Renfrew Junior FC Scottish Cup Finalists 1917.

Bigger than negatives nooadays, aboot the size ae an A5 print
it arrives in the post frae cousin Alan
and Paul says he mibbi can help
there's software ye can get for that kinda thing
it could be hit or miss.

Laid on the plate o the scanner
the PC whirrs and sighs

until on the screen, wi some adjustment frae Paul
the ghosts o fitba past
emerge wi astounding clarity
Firhill Stadium, the 2nd of June Nineteen Seventeen.

Those eleven cup finalists
two trainers like ringside seconds
president and secretary, dapper in their doolander bunnets
some o the thirty thoosand
phantoms on a distant terracing.

A look at ma Granda, Wullie Grant
muscular and hardy in lace-up tap and kit
and across a distance ae a hunner and eight years
he looks back at me
somewhere in him the trauma he lived through
that A only learned frae ma 95 year auld mother
and bits o stories passed doon tae her.

Then frae records, books, online forums, war diaries
a postcard frae the blue
aw about the war he'd fought in for a year
(Had it been langer it's dootful A'd be tellin this tale)
and tae think, Wullie, whit a reprieve it must've been
tae have been delivered by luck (yours and ours)
frae the Western Front tae Western Park.

9. Renfrew Junior FC, Scottish Junior Cup Finalists

1917, photo courtesy of Alan Grant.

William Grant's War Journey

Granda wis a centre forward
he fairly hit the mark
it wis easy wae the Peasy
when he played at Atlas Park.

He went tae play a gemme in France
tae side wi Belgium's cause
but they wir lobbin shells and bullets there
insteid o bladder baws.

SOLDIER CYCLIST

The auld toll road and Stockiemuir wis never like this
ration bag strapped tae rack, rifle clipped tae frame
a doot ther'll be nae drum-ups or lowsin by a burn
on the loans o France when ye're aff tae the war.

A daursay Wull as a fitba player ye won through
on the sixty mile road trial withoot getting puggelt
a guid bit infantry trainin unner yer belt
and you showin a dab haund wi the compass and map.

Ye'll still be in the 28th Brigade, Private Grant
transferred wi 150 mates in the Scottish Division
the Cyclists, alang wi the Glesga Yeomanry on their steeds
the 9th Divisional Mountit Troops
a war on two wheels and the trenches forby.

A guid few month noo they've been primin ye for battle
how tae hurl bombs and shoot at tairgets
howkin oot trenches, stringin baurbed wire
ye've tae be signalman, despatcher, guard and fechter.

The Bible says *Thou Shalt Not Kill*
but we've been telt the gemme the Huns are playin

how they've been skewerin Belgian weans
we'll settle their lot when we get ower by.

First ther wis Hamilton then Aldershot
then under canvas at Oxney Farm
staunin by the bikes, Kitchener inspectit us
through a freezin squall o blinnin snaw
then winter eased aff and meldit tae spring
afore lang it wid be time tae go.

Till the fatefu day came, 11th o May
loadit horses and bikes aboard at Southampton
singin *Bonny Mary* on the road tae St Omer
then heard a pounding of the guns towards Armentierres.

10. Front, Wm Grant's WW1 postcard sent from near Bailleul, France in May 1915, courtesy of Ailsa Boyd.

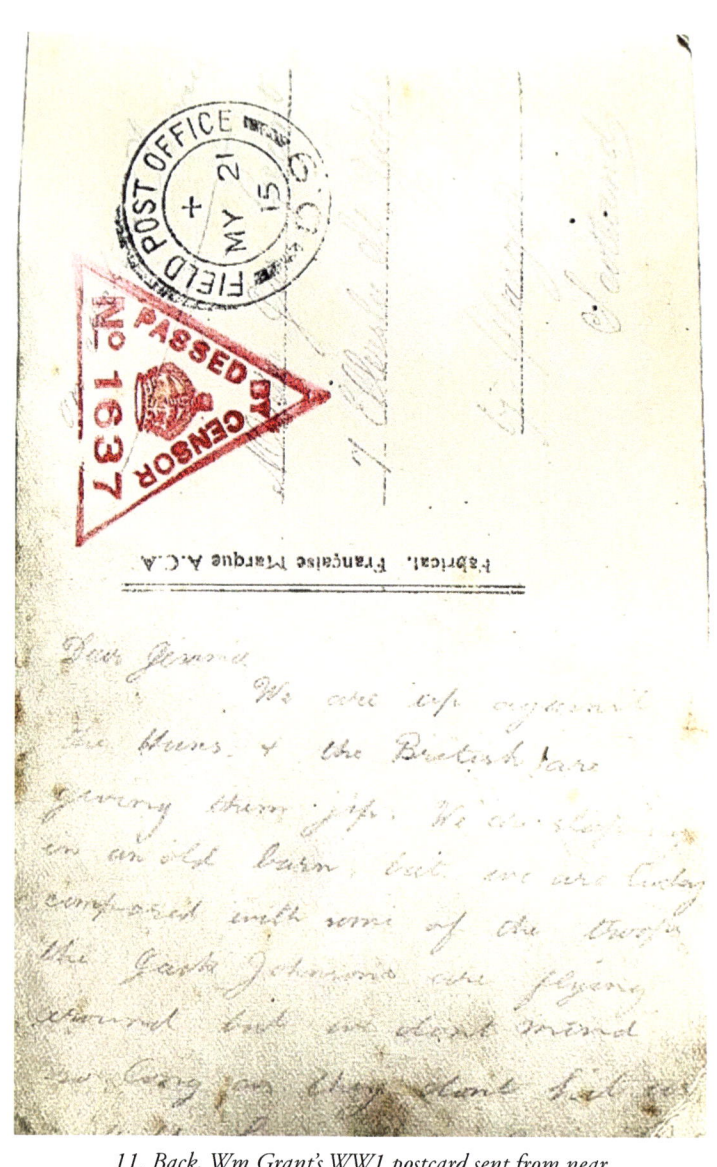

11. Back, Wm Grant's WW1 postcard sent from near Bailleul, France in May 1915, courtesy of Ailsa Boyd

W GRANT'S POSTCARD TAE HIS NEPHEW IN YOKER

Dear Jimmie
We are up against the Huns
& the British are giving them jip
we are sleeping in an old barn
but we are lucky compared to some of the troops
the Jack Johnsons* are flying around
but we don't mind
so long as they don't hit us
with Love from Uncle Bill.
FIELD POST OFFICE D9
MAY 21 15

To Master James Grant
7 Ellerslie Street
Yoker
By Glasgow

*Jack Johnson – nickname for a 150mm German heavy artillery shell, efter the wurld champion African-American heavyweight boxer wha wis kent tae deliver a powerfu knockoot blaw.

WILLIAM'S DREAM

It's auld McSorley on the pipes
and aw his dancing pupils are there
he plays a march
biddin ye aw tae move in time
Dance lads Dance McSorley shouts
bogged doon in glaur as ye try tae win furrit.

Men in kilts spreid oot on the wire
like sacrificial craws on a fermer's dyke
noo fu-grown and in khaki ye stacher on
hauf blin in a haar o chlorine gas
hap yer heid in a sackcloth huid
ettlin for wakefuness that the dream will pass.

Till ye remuive that fousome, putrid cloot
then it's Jimmy's face ye see
stummled intae the spot wher he fell
near haufed in two by a mortar shell.

ARMENTIERRES

Aff we'd set, Cyclists at the heid
a hunner an fifty strang
the Glesga Yeomanry ahint us on horse
some o thaim auld enough tae mind on the Boer
10th Battery Motor Machine Gun bringin up the rear.

Cracks and sangs dwined awa as we'd neared tae the front
a blatter o machine guns gart us uneasy
at 10pm we wir sent tae the trenches
here's yer first taste lads, it's quieter at nicht.

Oot tae the listenin post, alang bi the wire
staur shells burstin owerheid
a skimmer o licht ower a wastit laund
German sodgers near at haund.

Christ! Did ye no wunner on how close they wir
little mair nor the length ae a fitba field atween us an thaim
the park itsel a blastit Hades
whaur men snuck oot at nicht tae burry ther ain.

Whit a queer gemme war wis
ye'd learnt that much within the oor

this unspoken nocturnal amnesty
when wires are repairt, the deid yirdit
whiles noo and then the guns wid spit
or Very Lights flichter in the lift
tae gie some weird enchantment tae destruction and death.

THE BATTLE O LOOS

Wurd wis oot how the big push wis on
tho only a fool could've failed tae notice
the eastward movement thoosands strang
wi limber wagons, artillery, aw the graith an gear
o an army on the move
cycles stowed, yer feet mairchin on the road frae Bethune.

The plan, hammered oot ower days afore
as tae how the Divisional Mountit Troops
wid follae in eftir the initial cherge
had battert through German lines
tae tak the village cried Billy-Berclau.

Afore it enemy strangholds
The Crassier and Hozzenhollern Redoubt
a muckle slagheap claucht frae the earth
fortified wi artillery and wire, gun-birstlin trenches tae the fore
ayont tae the east the giant pitheid towers o Loos
that some wi gallas humour christened London Bridge.

For days on end allied guns poundit
wi incessant violence, perpetual thunder
till at 5am on the 25th whistles blew, the smoke let aff

ladders sclimmed, men pour oot trenches in thoosands
as if eruptit frae the grun itsel
brocht tae life frae Promethean clay.

As here Prometheus' stolen gift let loose
his eternal punishment fae the Gods deserved for this alane
this hail o shells and gunfire
petrol bombs, shrapnel that cut through flesh and bane
while back in support trenches as the earth tremmled
ye waited for the order tae come.

The chlorine gas let aff
wind conditions miscalculatit
a fatal, sick, green cloud fawn back taewards wir ain lines
men stummelt blin, foutert wi gas hoods
sought shell holes, the familiar sicht o regimental colours.

At 1:30 pm on the 27th as the battle still raged
and bullets rained in frae Mad Point
wurd came the Redoubt wis taken
as ower the tap ye went
intae a mass grave o stricken and distortit humanity
yer feet tramplin ower bodies
of men forever at one with the clay.

THE FITBA PLAYERS O LOOS

Ye'd have heard it yersel
how when that furst whustle blew
Rifleman Frank Edwards
guddlin a bladder baw fae his haversack
roared his pals ower the tap.

Whit madness wis this
in that first wave taeward the German line
cup-winnin fitba captain Edwards
leadin his regimental team intae the fatal storm
wild and sinister in sackcloth hoods
eyes sterrin through misted lenses
blooters the baw oot intae the field
wi a shout o *Play up the London Irish.*

Players go doon like ninepins
still they somehow find a man
pass wan tae the ither
taeward the goal, the German front line
aw the while lettin loose wi gunfire, hurlin bombs
bayonets primed fur lethal combat.

Nae game plan or tactics here
driven only by primal terror

Edwards himsel goes doon wi gunshot tae the thigh
afore that moment the baw wis last kicked
stoapped on the line by a fankle o needle-shairp wire.

Withoot the baw they breenge oan
brekkin through the first and second lines
wi the enemy in retreat they win the village o Loos
haudin oot five days
hauf-mad, hauf-sterved, drained frae bluid lust.

And A wunner Wullie when at last they wir lowsed
tae return across the battle-scaured front
on that mornin Tuesday 29th September
did ye jyne wi the roars that echoed ower the deadly field
tae welcome back the London Irish Rifles
like battered champions in a torrid gemme
a hunner an two less in number
the fitba players o Loos.

THE SALIENT

Waein days ye were on the muive
scorched in that baptism o fire
that had consumed men in thoosands
swallaed intae the maw of scientific war.

The Cycle Company, dytit fae the ordeal
1 killed, 1 missing, 36 gassed or wounded
thirty eight bicycles less
on the road frae Bethune tae Popperinghe.

Bound noo for Flanders, that wurd
that somehow conjured bonnie thochts
Flemish landscapes hung in the Kelvingrove galleries
or pedallin oot by Flanders Moss
that tamed muirland tract under watchfu Bens that
seemed tae commune wi the skies.

But here wis only rain
rain, teemin in floods
hingin in cauld smirrs that wid chill the banes
day or nicht wi nae reprieve.

Aw roads tae the Salient ganged through Vipers
its spires and biggins blastit tae ruins
loans reduced tae impassable glaur

wi foondered wagons, trucks an aw manner o gear
horses, flegged and dumfoonert, hauf-sunk in quag
a bike here as much use as a torch tae a blin man.

Back fae the lines, in miserable hovels and bothies
wi leakin roof and seepin grun
while at the front they tholed lice, trench fit
sniper's bullets, bombs hurled in fae the Birdcage
weeks, months passed in endless rain
whaur men, livin or deid
mair and mair took on the guise o clay
the Salient a morass o glaur and strauchlin humanity.

12. Photo: Imperial War Museums: IWM Q1868 British Bicycle Troops, Brie, Somme, March 1917.

THE BAW GEMMES AT MERRIS

As December rains fell wi redoubled contempt
the enemy bade ye fareweel frae the Salient
wi mass bombardment and chlorine gas
who widnae be eased tae be awey frae this?

Pit tae the task as guides ye saw Brigades tae billets
9th Division on the move wanst again
auld year turnin
the new hanselled in wi welcome news.

Lowsed frae the front eftir seeven month
tae bide this few weeks roond Merris
wi its douce fermtouns and gentle braes
awready seemed a world awa frae the hell o Vipers.

Dichtit aff clay frae khaki and bits
restored bikes tae wurkin order
trained up mair in bombs and grenades
time left ower for crack and fitba.

Here on the parks at Merris
whaur battalions pit their best XI forward
or officers their best XV in Rugby Union

A'm shair ye wid've led the line on the fitba field wi mettle and skill.

As men played oot gemmes
at least for this brief time
where losses wir measured only in scorelines.

THE WID

Birdsang gied a lie tae the bield o the wid
here the price might be peyed
for bein distractit by blue flash o jay
lilt o sangthrush

waein this deceptive Eden wi its pristine widland scent
whiles corruptit wi cordite
belligerent man set traps and snares
defendit his trenches wi thorns o steel
sent in shells at intermittent oors
sniper fire a callous sport

how ye hated this fuckin war
the untholable din, destruction and waste
plagues o flies and rats
that scavenged on the carrion of fallen humanity
and whaur nou even silence felt a fatal threat
the croose, privileged yahs o the officer cless
lions led by donkeys

yin time they'd taen the young boay
shit-feart frae battle
snecked him in stables inby wi the horses

spooked the beasts till they kicked an skreiched
as punishment and lesson tae the lad

there's naethin else fur it but tae keep in line
dae yer duty bide yer time
and hope ye might get through it.

STEENWERCK

On first day o March when they upped the offensive
cyclists and yeomanry men tae the front line
cyclists and yeomanry men tae support line
this number to the trenches, that number from the trenches
1 Other Ranks Wounded
1 Other Ranks Killed in Action
McKillop took wan tae the shouder
A've heard Brannigan's hit in the chist
this many to the trenches, that many from the trenches
3 Other Ranks Wounded
1 Other Ranks Killed in Action
this number to the trenches, that number from the trenches
4 Other Ranks Wounded
1 Other Ranks Died from Wounds
this many to the trenches, that many from the trenches
3 Other Ranks Wounded
1 Other Ranks Killed in Action.

30th March: Company relieved by the 9th Scottish Rifles

PROMETHEUS AND MORPHEUS

The shard hits wi agonisin pain
somewhere a voice: *Gie him the Murphy*
blatter o gunfire rages oan
till Morpheus wiles ye tae a dwam
awa fae heat and noise o battle

sky tilts, the dressing station
left leg feelin like some disembodied thing
a pairt yet some ither pairt o ye
let Morpheus work his charms mair
intae a land o ferlies and magic
faur frae aw this hell and desolation

and they've taen ye tae the railheid Wull
wi lower left leg treatit and bandaged up
so jyne the line o walkin woundit
they say yer aff tae Blighty, Private Grant

battleground recedes
Ambulance Train judders up the track
but don't owerstay yer welcome, mind
afore ower lang they'll need ye back.

THE WEY BACK

Family lore haunds doon
how on the wey back
ye stop aff at sister Jean's
in the railway hoose at Carlisle.

Shattered and broken
ye strip aff in the waash-hoose
heave uniform intae
a tub o bilin watter.

Cowpin in soda wi tunic and breeks
jaupin and stirrin wi the widden paiddle
lice seethin oot khaki in legions
if only memory could be cleansed this easy.

WAR WORK AND FITBA

So count yer blessins at least for noo
and a fate that got ye seconded
tae ordnance work at Babcock & Wilcox
yer skills in demand
for the munitions crisis.

They've no much need noo for bikes
on the churned up clabber o the Western Front
(whit hare-brained eejit thocht thon a guid idea)
the Division haufed in number ye've escaped the fate
o bein sodger cyclist in Salonika
or transferred back tae 9th Scottish Rifles.

Ower a year on noo frae the postcaird
hirplin a bit tae the left
A follae yer fitsteps
a berth at brither Sandy's hoose at 7 Ellerslie Street
A doot ye'll tell yer nephew Master James
aboot how the war wis really gaun in France.

Under the black soarin chimneys o Yoker power station
like fower giant guns pyntin ominously at the sky
a few minutes shank
tae the auld chain boat across the Clyde.

Boots hit iley cobbles on the opposite slipway
a purposeful stride up the Ferry Road
Renfra, a fine wee lookin toon for the maist pairt
Babcocks sprawlin works tucked in ahint.
Back tae thae workshop smells
o lathes and borers cuttin metal
turnin yer haunds back tae the tools
crackin wi lads ower a can o tea
they learn ye've skill wi a baw at yer feet
a daft wee thing like a shrapnel wound
will haurdly stop ye playin.

But yer still a servin sodger Wullie, and never you forget
ye've no been Blighty'd permanent mind, only subbed oot
they can caw ye back tae the field at any given moment
so make the maist o this, it might no last.

13. *The players and staff from Renfrew's first season in 1912. Photo courtesy of Alan Liddell, Renfrew FC historian.*

THAT SEASON

In flight o fancy I inhabit the goal scorer's ghost
haunds rax doon tae lace bits
tuck in Number 9 Renfrew shirt.

Hear the kick aff whistle blaw
hame at Western Park or away
at the likes o Kilsyth, Burnbank, Glenboig
shouts for a forward pass or dummy
haud the baw or challenge
distraction fae daily workshop grind
or ninety hard minutes
warrin wi demons o Ypres and Loos.

That season 1916/17
Grant, hittin the back o the net
at Paisley, Kilbrachan, Neilston and the rest
each goal a moment's release
scorin for fun or scorin tae survive.

The semi-final hat-trick at Gourock
Renfrewshire Cup winners, Division 1 runners-up

the Scottish Junior Cup run
six games, eighteen scored, nane conceded
on the road tae the Firhill final.

LUDERE CAUSA LUDENDI

Weaving their delicate passing web
the formidable Spiders
introducing crossbars, free-kicks, half-time breaks
like gossamer to silk
refining the beautiful game.

The south side of Glasgow, 1867
a number of gentlemen met
with lofty and splendid ideals
of how this game should be played
consigning kick and rush
the ballyhoo stramash of Eton and Harrow yahs
to the decaying midden of history.

From this the legend was born
without football transformed forever
would there have been the likes of the Magyars
the Pelés, Jairzinhos
or Beckenbauers and Cruyffs to grace the fields of future years?

And from their fiscal endeavours the mighty arena
with room for a hundred and fifty thousand souls
Hampden Park, home to cup finals, internationals

where de Stefano and Puskas performed their magic
while Law, Dalglish, Jordan surged in darkest blue
and where the Spiders have played their fixtures
from lower to highest Scottish leagues
Queens Park FC, the Amateurs
Ludere Causa Ludendi: *To Play for the Sake of Playing*

AT QUEENS PARK

Not since Queens Park entered the Scottish League have their officials experienced such difficulty as raising a team last week and remembering how the war – and other things – has played havoc with their calculations, it may be taken for granted that their latest quest entailed disappointment. Fortunately Clydebank, as the youngest League club, did not prove to be an insurmountable obstacle to Hampden's newest and youngest players and a creditable victory made possible by the tenacity and enterprise of Alan Morton resulted. It will interest supporters of the old club to know that two most promising players will shortly make their debut at Hampden, how long they will be allowed to remain there is another matter; Glasgow Herald, 24th September 1917, Association Football match reports for Saturday 22nd September.

Frae fragments o the story
I study pieces tae look for clues
the iconic Queens Park photie, start of season 1917–18
but find ye missin frae the line-up.
Pore ower the Glesga Herald archive
past columns o Casualty Lists
of the Wounded, Missing and Dead
then under Association Football I find yer debut

Ibrox Park; Monday 24th September 1917
Duncan, Stevenson, Nelson
Ford, Reid and Inglis
Aitken, Cresswell
RM Morton, Grant and A Morton
Rangers 3 Queens Park 0.
Drafted in tae play for the auld club
their ranks ravaged by war
the Spiders' survival, hingin bi the finest threid
or tholin like Bruce's creature o the cave
and you, Granda
pullin oan the bits oan a Setterday
meetin crosses frae Alan Morton, Scotland's finest winger
a Hampden hame debut in the offing.

HOME WIN

A procession in bunnets and mufflers
they take to the slopes
of Glasgow's football colosseum
applause bringing warmth to chilled hands
Queens Park, elegant in black and white bands
Falkirk Bairns, resolute in dark blue.

Released from the drudgery of ledger and pen
from the monotony of Weirs production lines
for ninety minutes
they will be enthralled by the steadfast Aitken
the measured play of Cowan
the North Enclosure leaning as one
to marvel at the wizardry of Alan Morton on the wing.

Grant leads the line in Number 9 shirt
deceptively short and muscular, nicknamed *The Tank*
goalmouth poacher, bugbear of keepers.

He readies for the whistle
just as it had sounded eighteen months ago
standing in the trenches
awaiting the order of the charge
into a field of mud and slaughter.

As on this day Queens Park excel
schooling the Bairns with every move
until facing Mount Florida
Morton takes charge on the line
to jink, dart, weave
drawing the defence with magnetic ease
he loops the ball into a twilit sky
to find the feet of Grant.

And as the ball found the net
a roar of artillery echoes
and thinks for one brief second of Jimmy
the lad he'd went with to volunteer
the one who would never return.

As somewhere on a foreign field
a land lies stark and still
the eighth of December Nineteen Seventeen
Queens Park five
Falkirk nil.

AN UNKNOWN SPELL

Queens Park held a lead of two goals over Motherwell at one stage and ought to have won by that margin at least. Alan Morton gave the forwards opportunities to beat Rundelt, and only once was Grant successful. But the centre forward did the same for one of Aitken's crosses, so may be held blameless. Glasgow Herald, 22nd October 1917, Association Football match reports for Saturday 20th October.

I find nae apparent clue
as why and tae where ye exited that Queens Park cameo
in Scotland's tap league
14 Appearances, 5 goals notched
yer spell there finishes at Hampden in late December '17
as Hillhouse returns tae the Number 9 shirt.

The Medal Card Index shows yer demob regiment
as Durham Light Infantry
wis it active duty or a reserve battalion
that might explain that story o the trial for Sunderland?

Or were ye even recalled tae the colours for the Spring
    Offensive
and wance mair intae that breach o horror and slauchter

how could any man thole gaun back tae thon
let alane the boays that suffered the hail shebang.

Aw A ken is that ye came through it
reciting *The Goalkeeper's Ghost* at the Ne'erday
whisky for the men
sherry for the wummin, ginger wine for us weans
as we toastit anither year new, and gladly drained wir glasses
in the Renfrew hame o Wullie Grant
the centre forward
who lived tae curse aw wars and ruling classes.

Mair Than A Gemme

A football team is like a piano. You need eight men to carry it and three who can play the damn thing.
Bill Shankly

SCORES IN BRACKETS

in a time of analog tellies
on late Saturday afternoons
men in their living rooms
pools coupon in hand
would grind a full-strength into an ashtray
awaiting the day's outcome
on bbc's final score ...
... before results of each division came up
scores would come in in advance
on a device called ... the teleprinter
which would ... stall ... and stutter
like a novelist or poet at a typewriter
waiting for their next ... idea or ...
word to come
... adding ... anticipation ...
when an excessive scoreline came in
this would appear in brackets
in order to confirm the high-scoring result ...
... if such outmoded technology
has faded with the voices of ... Len Martin and ... Frank
    Bough
we can yet somehow fast forward ...
to the preliminary round of the scottish cup

on saturday 2nd september 2023
following much ado about …
… where the tie … would be … played
… and … when …
it finally took place with evening ko
under the looming massif of the ben
… where a scoreline would become teleprinted on my mind
… fort william 1 … clydebank 10 (ten)

IT'S COMIN HAME YE SAY?

Brissit brawnis and broken banis
Stride, discord and waistie wanis
Cruikit in eyld syne halt withal
Thir are the bewties of the fute-ball
                    (An anonymous Scots poem from the 1500s)

Whan fitba wis a bangstrie gemme
o catticlour and broken banes
on clachan green or citie streets
whiles baured by Kings tae keep the peace
and raise their airmies in guid steid
t'wis thus on either side the Tweed.

By Stirlin Castle's lafty haw
whaur Kings and coortiers kicked a baw
a brawlie callant dinged a brammer
tae ludge it in Queen Mary's chaumer
as there it bade five centuries span
the auldest fitba kent tae man.

Gin Henry VIII had fitba bits
tae gang wi vauntie Tudor kits
in ermine tap and codpiece splendour

up front breenger, stout defender
tho scant is kent anent these sporting lives
whiles he wis thrang wi duntin aff his wives.

A skelp o the baw tae the Sixteen Thurties
Anwoth Parish and meenister Rutherford
for cantie chiels tae brak the habit
o playin fitba oan the Saubat
wi muckle stanes tae reinforce the ban
the auldest fitba pitch as kent tae man.

Or Carstairs fields at hairstin time
whaur wummen played the bonnie gemme
or Aiberdeen's auld Grammar School lang syne
a fitba gemme descrived in Latin rhyme
defenders, keepers, player interaction
and forward play wi thrills and goalmooth action.

A punt upfield tae Embra, Echteen Twinty Fower
cometh the man and cometh the fitba hour
in Hope we trust tae keep the ledger richt
for items: bladder baws and goalpost sticks
tae note each man has duly peyed his sub
the world's first recordit fitba club.

At Callander oot by the Leny Faws
whaur Roman sodgers played harpustum baws
syne Lucullus lowsed aff wae shield and spear

a baw wis kicked doon echteen hunder year
tae this auld field whaur chronicles relate
tae fitba played in 1848.

Meanwhile in Cambridge whaur they wrote some rules
for a gemme as played in weel-aff public schools
then Ebeneezer Cobb picks up the baw
and scrievit doon some fundamental laws
tae Sheffield whaur they codified the game
and thereby mak the case for England's claim.

A gemme as played by hoity-toity chaps
attired in rid or daurk blue flannel caps
yet still could catch the baw if in mid-air
or dunt it wi a haund frae player tae player
and thus indulge in sporting Donnybrooks
tae chairge aroond the park like heidless chooks.

If doon in England came the first association
in 1867 came the fitba revelation
possession, crossbars, free kicks, wan team stood apart
the Spiders spun their bonnie web as maisters o the art
then Scotch Professors went on their crusade
to teach their English fellows how the game was played.

A Gorbals lad tae Argentina, Donohoe tae Brazil
tae share a modern passin gemme combined wi flair and skill
a Springburn railway engineer knocks it on tae Uruguay

a punt tae China, Sweden and tae Czechia forby
and down on Partick Cricket Club's renowned auld verdant patch
the year 1872 – the world's first international match.

And whit's the Hampden roar that echoes in the faur-famed swurl
the first international stadium in aw the fitba world
where Jinky turned them inside oot or Baxter found his man
saw Puskas, Gento, Maradona, Pelé and Zidane
the greatest European attendance be it club or country fixture
throw in the Scottish Cup the auldest fitba trophy tae the mixture.

And so I offer this appeal
tae Messrs. Skinner and Baddiel
whene'er ye sing that fitba's comin hame
jist mind on Scotland's part in this auld gemme
for facts are chiels that winna ding nae maitter how ye blaw
and mind on how wan rampant lion taught three tae kick a baw.

14. Detail from William Ralston's 'Sketches at the International Football Match, Glasgow' 1872, courtesy of the Scottish Football Museum, Hampden.

15. William Ralston's 'Sketches at the International Football Match, Glasgow' 1872, courtesy of the Scottish Football Museum, Hampden.

WHO DID HENRY KISSINGER PLAY FOR?

Did Victor Jara's singin haunt the mist
as a baw moved acroass the field
tae Hartford, Masson, Macari or Johnston
the bluid-soaked turf o Santiago.

SFA blazers preened thersels
blin tae bullet-pocked dressin room waws
deif tae cries o three thoosand victims
in Estadio Nacional de Santiago.

And who did Henry Kissinger play for?
The ghosts that stravaig the Atacama wid really like tae ken.

As Gemmil dinked oor partin shot
or Kempes bleezed his wey tae glory
while Henry perched in the VIP box
withoot a thought for the disappeared.

In the Naval School of Mechanics
the roar frae River Plate Stadium struck lik thunner
the imprisoned, the electrocuted, the broken and missing
heard their captors open champagne.

And who did Henry Kissinger play for?
The Mithers o the Plaza de Mayo wid really like to ken.

At Estadio Nacional de Santiago
whaur silent ghosts file in amang the spectators
who did Henry Kissinger play for
fidgin the strings o the puppet dictators.

A MID LIFE CRISIS AT THE GEMME

Hung ower an doomed up
another relationship burned
A staun oan the terracin
an Edvard Munch face in the crowd.

Shed roof gies cover fae the doonpour
but hee-haw refuge
fae this perpetual circle o thoughts
the carousel of angst.

A splash o colour spills fae the pavilion tunnel
in spite o futility
a cheer comes oot o mi
the wee naggin Numskulls in ma heid
momentarily distractit
by twinty two wee men chasin a baw oan a park.

Sometimes ye reflect oan easier times
the nae-fucks-tae-gie days o youth
how it got frae thon tae this
but jist staun here
let existential blues ease
then heid tae the Atlantis fur a jaur
when the final whistle blaws.

IN PRAISE OF ARTHUR MONTFORD

Setterday nights in cooncil hames
faither's dram and pony chaser, fagsmoke hings like mist
maw grillin toastit cheese through-ben the kitchenette
dan-da-ran-dan-dan dan-da-ran-dan-dan
Scotsport theme tune ratllin oot
a Ferguson TV set.

Fae far-flung Pittodrie or Easter Road
Parkheid or Ibrox, Dunfermline or Dens
watch the *stramash* and the *up go the heads*.
black & white footage through a shoogly lens.

Inexplicable crowd shots, baw oot the frame
mellifluent Montford's dulcet tones
the soundtrack tae the game
Cruickshank, Henderson, Stanton or Auld
the Setterday highlights
the thrill of it all.

Arthur the anchor man, back in the studio
Mr Cool o Coocaddens
the Scotsport supremo
in modest sports jaicket the gent at the desk

with avuncular charm that was most Arthuresque
then frae black and white days wid come a departure
for the Cathode Ray Tube
had noo coloured in Arthur.

Fae far-flung Pittodrie or Easter Road
Parkheid or Ibrox, Dunfermline or Dens
watch the *stramash* and the *up go the heads.*
full colour footage through a steadier lens.

In a bleeze o Hampden floodlights
the Scots against the Czechs
Arthur spellbound by *the smoke from fifty thousand cigarettes*
a World Cup clincher wae Germany the prize
when a desperate debacle unfolds afore wir eyes
Ally Hunter sprawlin as Hampden reels in shock
Disaster for Scotland! goes Arthur
Czechoslovakia take the lead
wi jist fower minutes on the clock.

Then Big Jim Holton up for a corner
It's There! That's the One!
Holton a byooriful header!
wi the second hauf still tae run
and then in that seventy fifth minute
IT'S THERE! JORDAN SCORES!
I swear tae this day Arthur
how you gied it added force

and when ye nearly lost it
wi the Law Man on the break
COME ON NOW DENIS! COME ON DENIS!
that wild South Stand Hampden moment
the commentary box earthquake.

Oh the *stramash* of it
the tenacity, the panache of it
the *up go the heads* of it
the highlights or the whole of it
the *Dalglish! Whorra goal!* of it
the ecstasy, *Sensation!*
the joy, the exultation
as ye cried oot *Argentina here we come!*

As in our living rooms or locals
we wept in Tartan Specials
wi tears of joy and starry expectations
or daunered hame hauf legless
tae peruse the World Atlas
and study maps of far-flung Latin nations.

Nae *Wooooferrin* MacPherson (or any other person)
could ever be pretender tae yer crown
a man of regal calibre
the microphone your Excalibur
we salute you
Arthur, King of Commentate.

CLUB BALL-COISE ÈIRISGEIGH/ERISKAY FITBA CLUB

A breeze blaws in frae Labrador
tae bulge the nets at Cnoc na Monadh
lines marked oot on an unlikely pitch
if it's aw in the haunds ae the Weather Gods
Ball-coise aig Èirisgidh defies the odds.

As green and white hoops take tae the field
wi its topography o knaps and howes
rabbit hazards and sclentit coarner
still, a pitch is a pitch wi a gemme in store
for midfield tussles and goals gu leòr.

Eriskay pownies chairge past wi disinterest
their minds on equine things
or mebbe dream o shipwrecks and Princes
Each-uisge or Bean-sithean
liberated cargoes o liquid gowd.

Tae play against the boays frae Barra
pray for goals versus the Saints
missions tae North Uist and Benbecula
dream o scorin against Southend
or dancing rings aroond Blue Men.

And when the final whistle has drifted ower Beinn Sciathain
players shake haunds or heids in defeat
this windblawn field that tae some balach becomes
an imagined Celtic or Hampden Park
perched ower perfect blue-green watters.

In the baur at *Am Politician*
ower drams and pints the action is recalled
bletherin tactics fur the next matchday encoonter
onding sweeps acroass the Soond
rainbowe strikin whaur the ship ran agroond.

A TRAIN NORTH FRAE QUEEN STREET STATION

Hameward bound efter a Bankies gemme
heidin through tunnel blackness I reverse the arrow of time
intae the glare o Springurn
scannin its seven hills
fur fragments ae a wurld ma Grandfaither knew.

Only here and ther a tinimint or gable end
amang high-rise and stacked white-harled boxes
stripped ae its industrial base
tae a testin grun fur Brutalists and social engineers
somewhere up oan Cowlairs Rd a proud railway past recalled
    in a mural.

Building Trains Since 1842
a steam ingine
hauls its carriages atween snaw-capped Hielan bens
where Europe's greatest train works stood
a thoosand casks o whisky age in hangar-like sheds
industrial units deal in autoparts, flooring, resins
crane back up taewards Elmvale wher the NBR blocks stood
the minds-eye turns the centuries back as young William
    Grant watches doon
tae the Railwaymen's XI takin the field of play at Springvale

where noo staunds a glass and metal edifice
Network Rail at the auld Turkey Yard.

Back up oan Petershill a fitba hert still beats
tae the left haund windae
a sorry patch o rid blaize
rustin goalposts sinkin tae obscurity.

This field o forgotten dreams
that on Setterday mornins or maist evenins
would ring tae shouts o Goal! Here! Wide! Shy! Foul!
wher a young Nicholas or MacAvennie wid hone nascent skills
oan gravel wounds and Mouldmaster baws.

The train speeds oan
ease back intae the journey
searchin for the words o *The Goalkeeper's Ghost*.

16. Brae leading down from the NBR housing bocks (1863–1967) towards the railway. Copyright: HES (Papers of Professor John R Hume, economic and industrial historian, Glasgow, Scotland).

17. Mural by Barry the Cat at Holm Park, Clydebank. Traditional home of Yoker Athletic, now shared home with Clydebank FC. Photo by Stevie Doogan.

SCOTTISH CUP SAFARI

Up wi the sparras at Big Bruce's
ower Nolly lockgates then doon the Saltins wi the dug
rid streaks in the dawn sky taewards Clydebank
mibbi a favourable omen for Scottish Cup day.

Doon the shoal taewards the Rock
navigation lights on the Lang Dyke
glow in and oot like eyes o deep ocean fish
the river a ghost ae its industrial past
only the faintest trace o thon thick iley smell
(or mibbi memory somehow conjures that)
cormorants skulk on rottin timbers
like souls o welders waitin for a joab on the nevermore
oot in midstream an otter
leaves a transient v in its wake.

Come mid-day pull oan the Bankies tap and skerf
start the few miles pad frae OK tae the grun
alang the Nolly bank, veer ontae Dumbarton Road
aw somehow familiar and yet a world apart.

It's the absence o things that gets tae ye
but still the occasional landmark tae tease oot how it wis

the toon hall clock tower
the empty baths buildin
the auld polis cells and the Hall Street Blues
wher teenage daftness
wid get ye a weekend's hospitality and a greasy breakfast roll.

Check oot Solidarity Plaza, the plaque
for the Polish servicemen that tried tae repel Luftwaffe
 bombers
that for two nights turned the place tae an inferno
upright steel blocks stand as memorial tae asbestos victims.

Nae statues tae statesmen or mythical heroes
only emptiness wher pubs and chippies stood
MacCallum's, Connolly's, The Seven Seas
The Clydebank Baur for a pre-match pint
Hume Street wi its big parrot in a cage
that ye wid try tae coach tae shout 'Fuck Off'
this road thrang wi buses, caurs, people
some giant liner towerin Tamson Toon's black tinimints
noo the bust ae a welder oan a rusted plate plinth
gazes ower desolate space tae wher
a new college rises frae the bones o the yerd.

The emptiness in yer soul is even bigger than this
for the loss o things that'll never return
A wunner if locals feel this as much as exiles dae
the abandonment, a decayin church wi its roof rotted in

the occasional soulless flats or units
in spaces wher we lived, ran, kicked a baw
this place that ye can leave but never quite leaves ye.

As A get taewards Holm Park
it dawns on me how much fitba isnae jist a gemme
mair the glue that ower the years has held us thegither
this wee team, frae the highs o the Premier League
tae the lows o destruction at the haunds o charlatans
then resurrected, reimagined by the fans.

So the day beckons aheid wi hope
afore kick aff
A've tae dae some poems and songs for Hospitality
then A'll jyne the auld faces oan the terracin
we'll sing, shout, remember the absent and departed
win 2–0 and draw Hibs in the 4th Round.

Afore that, in the wee upstairs room lookin ower the park
A go up tae the mic
and kick aff wi Kilbowie Resurrection.

18. *Under the shed towards the Davie Cooper Stand and Bankies Club end, New Kilbowie Park (1939–1996). Photo by Malky McArthur.*

KILBOWIE RESURRECTION, A SPOKEN WURD POYUM

ALDI Clydebank
Going through your sliding doors I split apart time
reconstruct yer glass and steel tae mortar, bricks and lime
back tae sloping terraces wae goals at either end
the bijou wee pavilion, the Davy Cooper stand
exchange your shelves for green turf wae advertisin hoardins
yer sterile supermarket smells for liniment and Bovril
yer instore tannoy announcements for teams read fae a sheet
and doon there by the checkout
Jim Gallacher's throwin oot the baw
and he lands it at ma feet.
A start the move at Fruit & Veg manoeuverin ma trolly
across the back tae Stuartie Auld then knock it on tae Jolly
tae cereals at Aisle 2 – wis it Weetabix or Shreddies?
a floodlit night v Chelsea in the shadow of McCreadie
punt it up tae Crisps & Snacks, Cleaning Products, discount packs
by lavvy roll and through midfield tae Davis, Harvey, Gary Teale,
jouk past oriental spices then past olive oil
fiery as Chic Charnley slick as Owen Coyle
McCabe ma trolley roond the hordes across tae Bread & Cakes

leavin last ditch tackles and Cosmetics in ma wake
doon the wing tae Free Range Eggs where Cooper conjured tricks
and Fallon lobbed the Binos keeper wae a fifty yard free kick
A hear a shout *Sign um Steedman!* ringin in ma heid
as I fly past tools and hot tubs and aw the shite A'll never need
A channel Zippy Henry, A pass tae wee Pat Kelly
tae Caskie then tae Gerry O'Brien at the cauld meats and the Deli
makin mincemeat o defenders A leave them in a stew
A nutmeg some big pudden as a dumplin charges through
then A dae a lollipop as A ride another challenge
A square tae Mikey Larnach and A link wae Joe McCallan
and as A skin the sausages A see we're on a roll
So A feed it oot tae Davy as we're movin in oan goal
A full back goes taewards him and so A staun an wait
as he roasts him like a haddie then he serves it on a plate
but A play a pass tae Tony Moy along the polished floor
tae Millar then MacDougall settin Eadie up tae score!
YEEEEEEEEEEEEEEEEEEEEEEEEEEEEEEEES!
It's in the onion bag! Kilbowie resurrection!
A run tae the crowd behind the goals but aw A see
is dumb glass bottles at the Wines & Spirits section …
… and shelves … and white waws
and A'm trudgin tae the checkoot as the final whistle blaws
under a sickly glare o LED insteid o floodlight beams
that fade intae a long lost past wae aw yer hopes and dreams
as we sell wir souls in bar codes and blend intae the distance

and there's only bleep-bleep fuckin bleep as we swipe away
    existence
so A'm headin for the exits, wae food and drink aplenty
ma trolley might be full
but ma heart is oh so empty.

And there's nothing can console me
or help me understand
how there's noo a drive-through fuckin McDonalds
wher the Tea Bar used tae stand.

A MINUTE'S APPLAUSE

A minute's applause for the baw in the centre
A minute's applause for the shouts fae the crowd
The pre-match refreshment and pie that sustains ye
For the Wrigley's Spearmint and the macaroon barz
A minute's applause for the Archie Gemmils
the Davie Coopers, the Denis Laws
the Gilmours, the Doaks, the McGinns and McTominays
for the Tartan Army – a minute's applause.
A minute's applause for far travelled journeys
Fae the centre o Scotland tae toons on the edge
A minute's applause for Amigo's in Brechin
the finely mown turf and the fifteen fit hedge.
A minute's applause for the static Tree
the Flyin Wardrobe, for Budgie McGhee
playin at Kilbowie, the Hibby or Holm
a minute's applause for Clydebank FC.
A minute's applause for the crack and the laughs
the thruppenny bit heids and the nine iron sclaffs
the penalty shout and outrageous decision
for the ref and the lino – a minute's derision.
A minute's applause, a minute's applause

For finely timed passes and sweetly struck baws
A spring in yer step as ye wend yer way hame
A minute's applause for Scottish fitba
A minute's applause for the Beautiful Gemme.

FAITHER'S MEMOIR OF ARMISTICE DAY

1918

Random thoughts of an octogenarian

I was six when it happened; we knew something was wrong in the class from about ten o' clock onwards, for the teacher was going to and from the classroom with no word of admonition to keep us quiet; of course, there was bedlam. I can remember it all as though it were yesterday: and yet – and yet – it was seventy three years ago for I am approaching my eightieth birthday.

Then she came bursting into the room, her face was flushed, tears streamed from her eyes. She carried a spiked German helmet: she threw it to the ceiling, it landed with a crash. We looked in wonder, in disbelief, in awe – for this was a Hun helmet which they wore when they threw the French babies into the air to catch them on the spikes when they came down:

"It's over! It's over!" she screamed. "Armistice has been signed!" I often wondered what loved ones she had at the Front; a brother, a lover, a husband, an uncle, her father? Who knows? I learned later that the news came through on a crackling, new-fangled crystal 'whiskers' wireless set.

We made a spontaneous movement to the door, already the 'big' school was pouring out, some twelve hundred pupils running across the spare ground to their tenement homes. It was a fairly good November morning; there was a slight mist but the feeble sun growing stronger, the mist still held the acrid smoke from the belching tenement and factory chimneys. We would be spitting a black mucus for a week after it.

We rounded the corner. The tenements had Union Jacks hanging limply from every window. I wondered to myself, where the hell did these come from? For few families had two pennies to rub together during the week. It was into the pawn on a Monday morning with the good suit and out again on the Saturday morning, for the men needed the suit for their football match: perhaps the 'Juniors', or Rangers or Celtic. The prevailing poverty was not helped by the existing order of the day; large families, the tenements were as prolific as rabbit warrens! Semi-starvation and hard gruelling work didn't appear to upset the virility of the working classes, but rickets were common – lack of calcium in the food rations, it was said. It was staggering to think that if the food rations had not improved by the outbreak of the Second World War we could have had an army of 'bowly-leggit' kilted Scottish sodgers!

Little did I know that on this day my Uncle Bob had died of pneumonia, a few minutes before eleven o clock. He was my Maw's brother, a regular in the Scots Guards, and had fought in nearly all the battles on the Western Front. His name is enshrined in the national war memorial in the heart of Edinburgh Castle.

I don't know why, but he always spent his leaves with us. I can't recall where he slept, for we only had a room and kitchen, with the inevitable 'hole in the wa' bed in the kitchen. I had two older brothers, Ian and George. George is still in the land o the leal. Ian had been secretly smoking since he was ten and would go into the pocket of the khaki overcoat and pinch a couple o Prize Crop … not that Uncle Bob would have been any the wiser for he was always half-stewed. He would take me along to Tony Verrechia's, sit me up on the counter and order a huge ice cream cone and chocolates. I wondered often if he had killed any Germans – he was such a gentle, kind man. Soon the terrible flu would sweep through Europe killing more people than all the losses of the warring nations. Like the figure of Death in Doctor Hornbook, the grim flu gave its victims a relatively painless and quick despatch compared to the terrible carnage of the preceding four years of organised slaughter.

I often wondered why my father was not called up; perhaps he was a 'conchie'. If he was he was a wise man. I remember him looking at a large posthumous medal which said something like this: 'He died in the War to end all wars', and saying, 'Some hope'.

The slogan in the first half of the war was 'In defence of freedom and the independence of small countries' (little Belgium). This slogan became redundant when retribution was wreaked on the leaders of the Easter Rising in Dublin!

But I am digressing! Two men came along the pavement holding aloft a burning effigy of the Kaiser. We joined in behind, loudly chanting our war hymns:

Tramp, tramp, tramp the boys are marching
Tramp, tramp, tramp away to War

> And we'll buy a penny gun
> And we'll make the Germans run
> And we'll never see the Kaiser any more!

And:

> Inky, pinky, parlez vous, parlez vous
> Inky, pinky, parlez vous, parlez vous
> The Prince of Wales has got the jail
> For riding a horse without a tail
> Inky, pinky, parlez vous!

The bonfires were already alight in the public park. The public park had been planted out entirely in tatties, but these were now harvested and the dry shaws helped to light the fires. But the big one was at night across the wall from the old Parish Church. Everything that could burn was burning. We climbed up a tree but were soon forced down by the heat. I saw a man whirl a cat by its tail over his head and let fly into the raging bonfire. A howl of delight went up. I thought, 'Jesus Christ, if they can do this to a poor cat, God help the Kaiser.' Of course, the Kaiser got sanctuary in Holland, which Hitler rewarded twenty three years later by blasting Rotterdam with his Luftwaffe. It's a crazy world!

Donald A McDonald (1912–2002).